Moonlight Over Mälaren: Bilingual Swedish-English Stories for Beginners

Pomme Bilingual

Published by Pomme Bilingual, 2024.

While every precaution has been taken in the preparation of this book, the publisher assumes no responsibility for errors or omissions, or for damages resulting from the use of the information contained herein.

MOONLIGHT OVER MÄLAREN: BILINGUAL SWEDISH-ENGLISH STORIES FOR BEGINNERS

First edition. November 20, 2024.

Copyright © 2024 Pomme Bilingual.

ISBN: 979-8227797087

Written by Pomme Bilingual.

Table of Contents

Kaféet vid Torget

I en liten stad, på torget, finns ett kafé. Det heter "Solens Kafé." Varje dag kommer människor hit för att dricka kaffe och prata. Här känner alla varandra.

Det är tidig morgon. Anna, kaféets ägare, öppnar dörrarna klockan sju. Hon är alltid glad.

– God morgon! säger hon till Erik, den första kunden.

Erik är en gammal man. Han kommer till kaféet varje dag. Han beställer alltid samma sak: en kopp svart kaffe och en kanelbulle.

– Hur mår du idag, Anna? frågar Erik.

– Jag mår bra, tack! Och du?

– Jag mår bra. Det är soligt idag.

Anna ler. Hon tycker om att prata med Erik.

Klockan åtta kommer Lena och Johan. De är lärare på stadens skola. De sätter sig vid sitt vanliga bord.

– Två kaffe med mjölk, tack, säger Johan.

– Och en smörgås, lägger Lena till.

Anna gör deras beställning.

– Här är era kaffe och smörgås. Hoppas ni får en fin dag! säger hon.

– Tack, Anna! svarar de.

Vid lunch är kaféet fullt. Alla bord är upptagna. Anna springer fram och tillbaka. Hon serverar kaffe, te, och dagens soppa: tomatsoppa med bröd.

På ett bord sitter Karin och Mia. De pratar om sin dag.

– Jag har så mycket att göra på jobbet, säger Karin.

– Men du gör alltid ett bra jobb, säger Mia.

Anna hör deras samtal och kommer med två extra kakor.

– Här, lite energi för er dag! säger hon och ler.

På eftermiddagen blir det lugnt igen. Erik sitter kvar vid sitt bord. Han läser en bok. Johan och Lena går tillbaka till skolan. Karin och Mia har gått.

Anna sätter sig en stund. Hon dricker en kopp te.

– Det är en bra dag, tänker hon. Alla är glada, och kaféet är en plats för gemenskap.

Kaféet vid torget är mer än ett kafé. Det är en plats där människor möts, pratar och delar livet. Här finns alltid ett leende och en kopp kaffe.

The Café by the Square

In a small town, in the square, there is a café. It is called "The Sun Café." Every day, people come here to drink coffee and chat. Everyone knows each other here.

It is early in the morning. Anna, the café owner, opens the doors at seven o'clock. She is always happy.

– Good morning! she says to Erik, the first customer.

Erik is an old man. He comes to the café every day. He always orders the same thing: a cup of black coffee and a cinnamon bun.

– How are you today, Anna? asks Erik.

– I'm good, thank you! And you?

– I'm good. It's sunny today.

Anna smiles. She enjoys talking to Erik.

At eight o'clock, Lena and Johan arrive. They are teachers at the town school. They sit at their usual table.

– Two coffees with milk, please, says Johan.

– And a sandwich, adds Lena.

Anna makes their order.

– Here are your coffees and sandwich. Hope you have a nice day! she says.

– Thank you, Anna! they reply.

At lunchtime, the café is full. All the tables are occupied. Anna runs back and forth. She serves coffee, tea, and the soup of the day: tomato soup with bread.

At one table, Karin and Mia are sitting. They are talking about their day.

– I have so much to do at work, says Karin.

– But you always do a great job, says Mia.

Anna hears their conversation and comes with two extra cookies.

– Here, a little energy for your day! she says with a smile.

In the afternoon, it becomes quiet again. Erik stays at his table. He reads a book. Johan and Lena go back to school. Karin and Mia have left.

Anna sits down for a while. She drinks a cup of tea.

– It's a good day, she thinks. Everyone is happy, and the café is a place for community.

The café by the square is more than just a café. It is a place where people meet, talk, and share life. There is always a smile and a cup of coffee here.

Månsken över Mälaren

Natten är tyst i Stockholm. Gatorna är tomma. Månen lyser högt på himlen, och Mälarens vatten glittrar i ljuset. En poet går ensam längs vattnet. Hans namn är Anders.

Anders känner sig ensam.

– Varför är livet så svårt? tänker han.

Han tittar på månen. Den är stor och vit. Molnen rör sig långsamt. Vinden är kall, men Anders känner den knappt.

– Månen förstår mig, viskar han. Den är också ensam.

Han stannar vid en brygga. Vattnet rör sig sakta. Anders tittar på sin spegelbild. Den ser tillbaka på honom.

– Vem är jag? frågar han sig själv.

Anders skriver i sin anteckningsbok. Han skriver om vattnet, månen, och natten. Orden kommer långsamt men vackert.

Plötsligt hör han ett ljud. Det är en fågel som skriker. En mås flyger över vattnet. Anders tittar upp.

– Du är fri, säger han tyst. Jag vill också vara fri.

Måsens vingar är vita i månskenet. Den försvinner bort över staden.

Anders går vidare. Gatorna blir ljusare. Det är nästan morgon. Solen börjar synas vid horisonten.

– Jag är fortfarande ensam, men natten har hjälpt mig, tänker han.

Han går hem, men i sitt hjärta bär han nattens poesi.

Moonlight Over Mälaren

The night is quiet in Stockholm. The streets are empty. The moon shines high in the sky, and the waters of Lake Mälaren sparkle in the light. A poet walks alone by the water. His name is Anders.

Anders feels lonely.

– Why is life so difficult? he thinks.

He looks at the moon. It is big and white. The clouds move slowly. The wind is cold, but Anders hardly feels it.

– The moon understands me, he whispers. It is lonely too.

He stops by a pier. The water moves slowly. Anders looks at his reflection. It looks back at him.

– Who am I? he asks himself.

Anders writes in his notebook. He writes about the water, the moon, and the night. The words come slowly but beautifully.

Suddenly, he hears a sound. It's a bird crying. A seagull flies over the water. Anders looks up.

– You are free, he says quietly. I want to be free too.

The seagull's wings are white in the moonlight. It disappears over the city.

Anders continues walking. The streets grow lighter. It is almost morning. The sun begins to appear on the horizon.

– I am still alone, but the night has helped me, he thinks.

He walks home, but in his heart, he carries the poetry of the night.

Ett Hus i Gamla Stan

Det är 1920-tal i Stockholm. Gatorna i Gamla Stan är smala och fulla av liv. I ett litet hus, på tredje våningen, bor en ung konstnär som heter Elsa. Hennes lägenhet är liten, men vacker. Väggarna är gula, och fönstren har blå gardiner.

Varje lördag har Elsa en fest. Hon bjuder sina vänner: musiker, författare och andra konstnärer. Alla älskar att komma till Elsas fester. De dansar, skrattar och pratar hela natten.

– Elsa, du har alltid de bästa festerna! säger Axel, en jazzmusiker.

– Tack, Axel. Musiken är fantastisk ikväll! svarar Elsa och ler.

Jazz spelar i bakgrunden. Pianot är snabbt och glatt. Några gäster dansar, medan andra sitter vid bordet och dricker vin.

I ett hörn av rummet står två kvinnor och pratar tyst. Den ena heter Sofia, och den andra heter Clara. De tittar på Elsa.

– Tror du att hon vet? viskar Sofia.

– Nej, men vi måste vara försiktiga, svarar Clara.

Elsa ser dem prata, men hon säger inget. Hon känner på sig att något är fel.

Senare på kvällen går Elsa in i köket. Där hittar hon ett brev på bordet. Det är öppnat.

– Vem har läst mitt brev? tänker hon.

Hon känner igen Sofias handstil. Elsa blir arg men säger inget till sina gäster. Hon går tillbaka till vardagsrummet och försöker le, men hennes hjärta är tungt.

Klockan är midnatt. Axel spelar den sista låten på pianot. Alla sjunger och klappar händerna. Elsa sitter i sin blå klänning och tittar på sina vänner.

– Är de verkligen mina vänner? tänker hon.

När festen är slut, stänger Elsa dörren och sitter ensam i sitt rum. Månen lyser in genom fönstret. Hon känner sig ensam, men också fri.

A House in Old Town

It's the 1920s in Stockholm. The streets of Old Town are narrow and full of life. In a small house on the third floor, lives a young artist named Elsa. Her apartment is small but beautiful. The walls are yellow, and the windows have blue curtains.

Every Saturday, Elsa throws a party. She invites her friends: musicians, writers, and other artists. Everyone loves coming to Elsa's parties. They dance, laugh, and talk all night long.

– Elsa, you always have the best parties! says Axel, a jazz musician.

– Thank you, Axel. The music is amazing tonight! replies Elsa, smiling.

Jazz plays in the background. The piano is fast and cheerful. Some guests are dancing, while others sit at the table, drinking wine.

In one corner of the room, two women are talking quietly. One is named Sofia, and the other is Clara. They watch Elsa.

– Do you think she knows? whispers Sofia.

– No, but we must be careful, replies Clara.

Elsa sees them talking, but says nothing. She has a feeling something is wrong.

Later in the evening, Elsa goes into the kitchen. There, she finds a letter on the table. It has been opened.

– Who read my letter? she thinks.

She recognizes Sofia's handwriting. Elsa feels angry but says nothing to her guests. She goes back to the living room and tries to smile, but her heart feels heavy.

It's midnight. Axel plays the last song on the piano. Everyone sings and claps along. Elsa sits in her blue dress and watches her friends.

– Are they really my friends? she wonders.

When the party is over, Elsa shuts the door and sits alone in her room. The moonlight shines through the window. She feels lonely, but also free.

I Skuggan av Fabriken

I en liten industristad finns en stor fabrik. Fabriken är gammal, och många arbetar där. En av dem är Johan. Han har arbetat på fabriken i tjugo år.

En dag kallar chefen, herr Lind, alla arbetare till ett möte.

– Vi måste göra ändringar i fabriken, säger han. – Färre människor behövs. Några av er kommer att förlora jobbet.

Johan känner en klump i magen. Han behöver jobbet för att försörja sin familj. Hans fru, Maria, och deras två barn, Lisa och Karl, är beroende av hans lön.

– Hur ska jag klara mig? tänker Johan.

På kvällen berättar Johan nyheterna för Maria. De sitter vid matbordet.

– Chefen säger att de kanske inte behöver mig längre, säger Johan.

Maria lägger sin hand på hans.

– Vi kommer att klara det. Vi är en familj, och vi hjälper varandra.

Lisa, som är tio år, tittar på sin pappa.

– Pappa, du är stark. Jag vet att du hittar en lösning.

Johan ler svagt.

– Tack, Lisa.

Nästa dag på jobbet pratar Johan med sina kollegor.

– Vi måste prata med chefen, säger han. – Om vi arbetar tillsammans kan vi hitta en lösning.

De andra nickar. Johan och några andra går till chefen.

– Vi förstår att fabriken har problem, säger Johan. – Men vi kan arbeta hårdare. Ge oss en chans.

Chefen lyssnar och säger:

– Jag ska tänka på det.

En vecka senare kallar chefen tillbaka alla arbetare.

– Jag har bestämt mig, säger han. – Fabriken kommer att fortsätta, och ni behåller era jobb. Men vi måste vara effektiva.

Johan andas ut. Han känner lättnad. När han går hem ser han fabriken i kvällsljuset. Den kastar en lång skugga, men i Johans hjärta finns nu ljus.

In the Shadow of the Factory

In a small industrial town, there is a large factory. The factory is old, and many people work there. One of them is Johan. He has worked at the factory for twenty years.

One day, the boss, Mr. Lind, calls all the workers to a meeting.

– We need to make changes in the factory, he says. – Fewer people will be needed. Some of you will lose your jobs.

Johan feels a lump in his stomach. He needs the job to support his family. His wife, Maria, and their two children, Lisa and Karl, depend on his salary.

– How will I manage? thinks Johan.

In the evening, Johan tells Maria the news. They are sitting at the dinner table.

– The boss says they might not need me anymore, says Johan.

Maria puts her hand on his.

– We'll manage. We are a family, and we help each other.

Lisa, who is ten years old, looks at her father.

– Daddy, you're strong. I know you'll find a solution.

Johan smiles weakly.

– Thank you, Lisa.

The next day at work, Johan talks with his colleagues.

– We need to talk to the boss, he says. – If we work together, we can find a solution.

The others nod. Johan and a few others go to the boss.

– We understand the factory is having problems, says Johan. – But we can work harder. Give us a chance.

The boss listens and says:

– I'll think about it.

A week later, the boss calls all the workers back.

– I've made my decision, he says. – The factory will continue, and you'll keep your jobs. But we need to be efficient.

Johan breathes a sigh of relief. He feels a sense of relief. As he walks home, he sees the factory in the evening light. It casts a long shadow, but in Johan's heart, there is now light.

Flickan vid Ån

Solen skiner över Småland. Träden är höga och gröna. Blommorna är gula, blåa och vita. En liten å rinner genom ängen. Vid ån sitter Anna. Hon är 19 år och tänker på sitt liv.

Vattnet rör sig sakta. Det glittrar i solljuset.

– Livet är som vattnet, tänker Anna. Det rinner framåt, alltid framåt.

Hon plockar en liten sten från marken och släpper den i vattnet. Cirklar bildas och försvinner.

– Så är också tiden, säger hon tyst. Den försvinner alltid.

Anna ser en fjäril flyga förbi.

– När jag var barn älskade jag att springa här, minns hon. Jag jagade fjärilar och lekte i solen.

Hon tittar upp mot himlen. Molnen rör sig långsamt. Hon känner vinden i sitt hår.

– Barndomen var enkel, men nu känns allt svårt, tänker hon.

Anna ser sin spegelbild i vattnet. Hon ser ung ut, men hennes ögon är fyllda med frågor.

– Vad vill jag göra med mitt liv? undrar hon. Ska jag stanna här i Småland eller resa bort?

Hon tänker på sin familj. Mamma är alltid glad och stark. Pappa arbetar hårt varje dag.

– Jag vill göra dem stolta, men jag vill också följa mina drömmar, säger hon tyst.

Anna lägger sig ner i gräset. Solen värmer hennes ansikte. Vattnet rinner fortfarande, men Anna känner sig lugn.

– Jag kan inte veta allt nu, tänker hon. Men det är okej. Jag har tid.

Fåglarna sjunger i träden. Ån viskar sin sång. Anna blundar och lyssnar.

– Livet är vackert, viskar hon.

The Girl by the Stream

The sun is shining over Småland. The trees are tall and green. The flowers are yellow, blue, and white. A small stream flows through the meadow. By the stream sits Anna. She is 19 years old and thinking about her life.

The water moves slowly. It sparkles in the sunlight.

– Life is like the water, thinks Anna. It flows forward, always forward.

She picks up a small stone from the ground and drops it into the water. Circles form and disappear.

– Time is like that too, she says quietly. It always disappears.

Anna sees a butterfly fly by.

– When I was a child, I loved running here, she remembers. I chased butterflies and played in the sun.

She looks up at the sky. The clouds move slowly. She feels the wind in her hair.

– Childhood was simple, but now everything feels hard, she thinks.

Anna sees her reflection in the water. She looks young, but her eyes are filled with questions.

– What do I want to do with my life? she wonders. Should I stay here in Småland or travel away?

She thinks about her family. Her mother is always happy and strong. Her father works hard every day.

– I want to make them proud, but I also want to follow my dreams, she says softly.

Anna lies down in the grass. The sun warms her face. The water continues to flow, but Anna feels calm.

– I can't know everything now, she thinks. But that's okay. I have time.

The birds sing in the trees. The stream whispers its song. Anna closes her eyes and listens.

– Life is beautiful, she whispers.

Musik på Vintern

Det är vinter i Uppsala. Snön täcker marken, och träden är vita. Det är kallt, men luften är frisk. I ett litet hus nära universitetet träffas en grupp människor för en musikklass.

I klassen finns åtta personer. De spelar olika instrument: gitarr, piano, fiol och flöjt. Läraren, fru Lind, är glad och tålmodig. Hon säger:

– Musik är som ett språk. Det kommer från hjärtat.

Två personer i klassen känner inte varandra: Erik och Sara. Erik spelar gitarr. Han är blyg och tittar ofta ner på sina händer. Sara spelar fiol. Hon är ny i staden och känner sig ensam.

En dag säger fru Lind:

– Erik och Sara, ni ska spela en duett tillsammans.

Erik tittar upp, nervös.

– Jag? spelar han.

– Ja, du och Sara. Det blir fint, svarar fru Lind.

Sara ler mot Erik.

– Vi kan börja med en enkel melodi, säger hon.

De spelar långsamt. Gitarren och fiolen låter som vinden i träden. När de spelar tittar de på varandra och ler försiktigt.

När klassen är slut, stannar Erik och Sara kvar.

– Du spelar väldigt bra, säger Sara.

– Tack, det gör du också, svarar Erik.

De börjar prata. Sara berättar om sin hemstad i södra Sverige, och Erik berättar om sitt jobb på ett bibliotek. De skrattar och delar historier.

En vecka senare är det sista musikklassen. Gruppen spelar för sina vänner och familjer. Erik och Sara spelar sin duett. Tonerna är mjuka och vackra, som snö som faller från himlen.

Efter konserten står Erik och Sara utanför huset. Snön faller, och det är mörkt. De ser på varandra.

– Vill du ta en promenad? frågar Erik.

– Ja, gärna, svarar Sara.

De går långsamt genom den snötäckta staden. Deras steg ekar i tystnaden.

Musikklassen är slut, men något nytt har börjat. Erik och Sara träffas nu ofta. De spelar musik, dricker te och pratar om livet.

– Vinter kan vara kall, men musik och vänskap gör den varm, säger Erik en kväll.

Sara ler och nickar.

Music in Winter

It is winter in Uppsala. The snow covers the ground, and the trees are white. It is cold, but the air is fresh. In a small house near the university, a group of people gathers for a music class.

There are eight people in the class. They play different instruments: guitar, piano, violin, and flute. The teacher, Mrs. Lind, is cheerful and patient. She says:

– Music is like a language. It comes from the heart.

Two people in the class don't know each other: Erik and Sara. Erik plays guitar. He is shy and often looks down at his hands. Sara plays violin. She is new to the city and feels lonely.

One day, Mrs. Lind says:

– Erik and Sara, you will play a duet together.

Erik looks up, nervous.

– Me? he asks.

– Yes, you and Sara. It will be lovely, replies Mrs. Lind.

Sara smiles at Erik.

– We can start with a simple melody, she says.

They play slowly. The guitar and violin sound like the wind in the trees. As they play, they look at each other and smile gently.

When the class is over, Erik and Sara stay behind.

– You play really well, says Sara.

– Thank you, you do too, replies Erik.

They start talking. Sara tells him about her hometown in southern Sweden, and Erik talks about his job at a library. They laugh and share stories.

A week later is the last music class. The group plays for their friends and families. Erik and Sara play their duet. The notes are soft and beautiful, like snow falling from the sky.

After the concert, Erik and Sara stand outside the house. Snow is falling, and it is dark. They look at each other.

– Would you like to take a walk? asks Erik.

– Yes, I'd love to, replies Sara.

They walk slowly through the snow-covered city. Their steps echo in the silence.

The music class is over, but something new has begun. Erik and Sara meet often now. They play music, drink tea, and talk about life.

– Winter can be cold, but music and friendship make it warm, says Erik one evening.

Sara smiles and nods.

Tystnad i Trädgården

Det är tidig morgon i södra Sverige. Solen stiger sakta över kullarna. I en liten by finns en gammal stuga med en stor trädgård. Där bor Inga, en äldre kvinna. Hon älskar sin trädgård.

Trädgården är fylld med blommor och växter. Det finns rosor, lavendel och prästkragar. Ett stort äppelträd står i mitten av trädgården. Bredvid står ett bord och en stol. Där sitter Inga ibland och tänker.

Inga går runt med sin vattenkanna.

– Rosorna behöver vatten, säger hon tyst.

Hon böjer sig ner och rör vid jorden. Den är torr. Hon vattnar försiktigt.

När Inga ser på äppelträdet, minns hon sin barndom. Hon växte upp i samma hus. Hennes pappa planterade trädet när hon var liten.

– Du ska plocka äpplen här en dag, sa han alltid.

Inga och hennes bror brukade klättra i trädet. De skrattade och lekte tills mamma ropade från köket:

– Dags för fika!

Hon minns också doften av äppelpaj och ljudet av fåglar som sjöng.

Nu är huset tyst. Hennes föräldrar och bror är borta, men trädgården lever. Inga känner deras närvaro i vinden som rör bladen och i doften av rosorna.

Hon sätter sig på stolen vid bordet. Hennes händer vilar på knäna. Hon blundar och lyssnar. Fåglarna sjunger. Ett bi surrar bland blommorna.

– Det är tyst, men inte ensamt, tänker hon.

Inga ser ner på marken. En liten planta växer bredvid bordet. Det är en ny rosbuske som hon planterade förra året. Den har små knoppar.

– Livet fortsätter, säger hon med ett leende.

Hon reser sig upp och går mot huset. Hon tar fram en korg och en sekatör.

– Dags att klippa blommor för köket, säger hon.

Med varje klipp fylls korgen med färger och dofter.

Silence in the Garden

It is early morning in southern Sweden. The sun rises slowly over the hills. In a small village, there is an old cottage with a large garden. This is where Inga, an elderly woman, lives. She loves her garden.

The garden is filled with flowers and plants. There are roses, lavender, and daisies. A large apple tree stands in the middle of the garden. Next to it is a table and a chair. Inga sits there sometimes and thinks.

Inga walks around with her watering can.

– The roses need water, she says quietly.

She bends down and touches the soil. It is dry. She waters carefully.

When Inga looks at the apple tree, she remembers her childhood. She grew up in the same house. Her father planted the tree when she was a little girl.

– One day, you'll pick apples here, he always said.

Inga and her brother used to climb the tree. They laughed and played until their mother called from the kitchen:

– Time for fika!

She also remembers the smell of apple pie and the sound of birds singing.

Now the house is quiet. Her parents and brother are gone, but the garden is alive. Inga feels their presence in the wind that moves the leaves and in the scent of the roses.

She sits on the chair at the table. Her hands rest on her knees. She closes her eyes and listens. The birds sing. A bee buzzes among the flowers.

– It is quiet, but not lonely, she thinks.

Inga looks down at the ground. A small plant is growing next to the table. It is a new rose bush that she planted last year. It has small buds.

– Life goes on, she says with a smile.

She gets up and walks toward the house. She takes out a basket and a pruning shear.

– Time to cut flowers for the kitchen, she says.

With every cut, the basket fills with colors and scents.

En Dag i Halmstad

Solen går upp över Halmstad. Staden vaknar. Barn cyklar till skolan, och bilar kör sakta på gatorna. Johan, postmannen, börjar sin dag. Han cyklar med sin röda cykel och en stor väska fylld med brev och paket.

Johan stannar vid första huset på gatan. Han tar fram två brev och lägger dem i brevlådan. En hund skäller från trädgården.

– Hej, Bamse! säger Johan och vinkar till hunden.

Nästa stopp är ett litet bageri. Doften av nybakat bröd fyller luften. Bagaren, Lena, vinkar från fönstret.

– God morgon, Johan! Har du något till mig idag? frågar hon.

– Ja, ett brev från din syster i Malmö, svarar Johan.

Johan cyklar vidare. Han passerar en park. Där sitter en äldre man, Sven, på en bänk. Han matar fåglar. Johan stannar och säger:

– Hej Sven, hur mår du idag?

– Bra, tack! Fåglarna är hungriga som vanligt, svarar Sven med ett leende.

Johan tar fram ett vykort och ger det till Sven.

– Det är från din dotter i Göteborg, säger han.

Sven läser vykortet och ser glad ut.

Vid skolan lämnar Johan ett stort paket till läraren, fru Andersson. Barnen springer runt på gården och skrattar.

– Vad är i paketet? frågar en liten pojke.

– Det är en överraskning, svarar Johan och ler.

När dagen är slut cyklar Johan tillbaka till postkontoret. Hans väska är tom, men hans hjärta är fullt. Han tänker på alla människor han träffat idag: Lena i bageriet, Sven i parken, och barnen vid skolan.

Johan sätter sig på en bänk vid Nissan, ån som rinner genom Halmstad. Han tittar på solnedgången och känner sig nöjd.

– Jag gillar mitt jobb, säger han för sig själv.

A Day in Halmstad

The sun rises over Halmstad. The city wakes up. Children cycle to school, and cars drive slowly on the streets. Johan, the postman, begins his day. He rides his red bike with a large bag filled with letters and packages.

Johan stops at the first house on the street. He takes out two letters and places them in the mailbox. A dog barks from the garden.

– Hello, Bamse! says Johan, waving to the dog.

The next stop is a small bakery. The scent of freshly baked bread fills the air. The baker, Lena, waves from the window.

– Good morning, Johan! Do you have something for me today? she asks.

– Yes, a letter from your sister in Malmö, answers Johan.

Johan continues cycling. He passes a park. There, an elderly man, Sven, sits on a bench feeding birds. Johan stops and says:

– Hi Sven, how are you today?

– Good, thanks! The birds are as hungry as usual, replies Sven with a smile.

Johan takes out a postcard and hands it to Sven.

– It's from your daughter in Gothenburg, he says.

Sven reads the postcard and looks happy.

At the school, Johan delivers a large package to the teacher, Mrs. Andersson. The children are running around the yard, laughing.

– What's in the package? asks a little boy.

– It's a surprise, replies Johan with a smile.

When the day is over, Johan cycles back to the post office. His bag is empty, but his heart is full. He thinks about all the people he met today: Lena at the bakery, Sven in the park, and the children at the school.

Johan sits on a bench by the Nissan River, which runs through Halmstad. He watches the sunset and feels content.

– I like my job, he says to himself.

Ljusen på Julbordet

Det är julafton. Snön faller utanför huset i Dalarna. I vardagsrummet står en stor gran, klädd med röda kulor och silverglitter. Köket doftar av pepparkakor och glögg. Familjen Lind samlas runt julbordet.

Mormor Astrid tänder ljusen på bordet. De fladdrar och lyser varmt.

– Nu känns det som jul, säger hon och ler.

Barnen, Erik och Lisa, springer runt och skrattar.

– När får vi öppna julklapparna? frågar Lisa.

– Efter maten, svarar pappa Anders och skakar på huvudet med ett leende.

På bordet finns massor av mat: köttbullar, sill, potatis, och Janssons frestelse. Mitt på bordet står en skål med risgrynsgröt.

– Vem hittar mandeln? frågar farmor Ingrid.

Alla skrattar. Det är en tradition att lägga en mandel i gröten. Den som hittar den får en önskning.

När alla har ätit, börjar familjen prata om gamla jular.

– Jag minns när jag var liten, säger mormor Astrid.

Hon berättar om en vinter när snön var så djup att de fick gå genom skogen för att hämta en gran. Barnen lyssnar med stora ögon.

Pappa Anders berättar om sin första gång som tomte.

– Jag tappade skägget! Alla barnen skrattade.

Efter maten samlas familjen runt granen. De sjunger julsånger och öppnar presenter. Lisa får en ny docka, och Erik får en bok.

– Tack, tomten! säger de högt.

Mormor Astrid tittar på ljusen på julbordet. De har nästan brunnit ner, men de lyser fortfarande. Hon tänker på hur mycket familjen betyder för henne.

– Ljuset är inte bara på bordet. Det finns i våra hjärtan också, säger hon tyst för sig själv.

Ute faller snön, och huset är fyllt av skratt och kärlek.

The Candles on the Christmas Table

It's Christmas Eve. The snow is falling outside the house in Dalarna. In the living room stands a large Christmas tree, decorated with red baubles and silver tinsel. The kitchen smells of gingerbread cookies and mulled wine. The Lind family gathers around the Christmas table.

Grandma Astrid lights the candles on the table. They flicker and glow warmly.

– Now it feels like Christmas, she says with a smile.

The children, Erik and Lisa, run around and laugh.

– When can we open the Christmas presents? asks Lisa.

– After dinner, answers Dad Anders, shaking his head with a smile.

The table is filled with food: meatballs, herring, potatoes, and Janssons frestelse (a Swedish potato and anchovy casserole). In the center of the table is a bowl of rice porridge.

– Who will find the almond? asks Grandma Ingrid.

Everyone laughs. It's a tradition to hide an almond in the porridge. The one who finds it gets to make a wish.

When everyone has eaten, the family starts talking about old Christmases.

– I remember when I was little, says Grandma Astrid.

She tells the story of a winter when the snow was so deep that they had to walk through the forest to fetch a Christmas tree. The children listen with wide eyes.

Dad Anders tells the story of his first time as Santa Claus.

– I lost my beard! All the children laughed.

After dinner, the family gathers around the Christmas tree. They sing Christmas carols and open presents. Lisa gets a new doll, and Erik gets a book.

– Thank you, Santa! they say loudly.

Grandma Astrid looks at the candles on the Christmas table. They have almost burned down, but they still glow. She thinks about how much her family means to her.

– The light is not only on the table. It's in our hearts too, she says quietly to herself.

Outside, the snow falls, and the house is filled with laughter and love.

Stuglivet i Norrland

Sommaren är på väg att ta slut. Ute är det tyst, bara vinden som blåser genom träden. Maria, en författare från Stockholm, har bestämt sig för att tillbringa några veckor här i en liten stuga. Hon behöver ro och inspiration för sitt nya bokprojekt.

Maria vaknar tidigt. Fåglarna sjunger utanför fönstret. Hon öppnar dörren till stugan och andas in den kalla, friska luften. Ute ligger sjön stilla som en spegel.

– Här kan jag tänka klart, tänker Maria.

Vid köksbordet öppnar hon sin anteckningsbok och börjar skriva. Det är tyst, förutom ljudet av hennes penna mot pappret. Hon skriver om naturen, om stillheten, och om sina tankar.

Efter några timmar av skrivande bestämmer sig Maria för att ta en promenad. Hon går genom den stora skogen bakom stugan. Det luktar friskt av gran och mossa. Träden är höga och gröna, och solen skiner genom grenarna.

– Det här är vad jag behövde, säger Maria till sig själv.

I skogen känner hon sig ensam, men också fri. Ingen stress, inget ljud från staden. Här finns bara naturen och hennes egna tankar.

Senare på eftermiddagen sitter Maria vid sjön, med benen i vattnet. Hon ser på horisonten och funderar på livet.

– Vad betyder det egentligen att vara lycklig? tänker hon. Det är så lätt att förlora sig i tankarna när man är ensam, men det känns bra här, i naturen.

Hennes anteckningsbok ligger på marken bredvid henne. Hon skriver en ny idé: "Att vara ensam betyder inte att vara ensam med sig själv."

När mörkret kommer tänder Maria en brasa i stugan. Elden sprakar och värmer hennes händer. Utanför är det mörkt, men i stugan känns det tryggt. Maria slår upp sin anteckningsbok och fortsätter skriva. Orden kommer lättare nu, som om vinden i träden och stillheten vid sjön har gett henne ny kraft.

Hon skriver till slut:

– Jag tror att jag har hittat det jag söker. Det är inte i staden jag hittar inspiration, utan i tystnaden, i naturen.

Och så, i den lilla stugan i Norrland, fortsätter Maria att skriva.

Cabin Life in Norrland

Summer is coming to an end. Outside, it's quiet, with only the wind blowing through the trees. Maria, a writer from Stockholm, has decided to spend a few weeks here in a small cabin. She needs peace and inspiration for her new book project.

Maria wakes up early. The birds are singing outside her window. She opens the cabin door and breathes in the cold, fresh air. Outside, the lake is as still as a mirror.

– Here, I can think clearly, Maria thinks.

At the kitchen table, she opens her notebook and starts writing. It's quiet, except for the sound of her pen against the paper. She writes about nature, about the silence, and about her thoughts.

After a few hours of writing, Maria decides to take a walk. She walks through the large forest behind the cabin. It smells fresh of spruce and moss. The trees are tall and green, and the sun shines through the branches.

– This is what I needed, Maria says to herself.

In the forest, she feels both alone and free. No stress, no noise from the city. Here, there's only nature and her own thoughts.

Later in the afternoon, Maria sits by the lake with her feet in the water. She looks at the horizon and reflects on life.

– What does it really mean to be happy? she thinks. It's so easy to lose yourself in thoughts when you're alone, but it feels good here, in nature.

Her notebook lies on the ground beside her. She writes down a new idea: "Being alone doesn't mean being alone with yourself."

When darkness falls, Maria lights a fire in the cabin. The flames crackle and warm her hands. Outside, it's dark, but inside the cabin, it feels safe. Maria opens her notebook and continues to write. The words come more easily now, as if the wind in the trees and the silence by the lake have given her new strength.

She finally writes:

– I think I've found what I was looking for. It's not in the city where I find inspiration, but in the silence, in nature.

And so, in the little cabin in Norrland, Maria continues to write.

Vägar Möts i Visby

Det är sommar och Medeltidsveckan i Visby har börjat. Gatorna är fulla av människor i medeltida kläder. Här finns musiker, hantverkare och doften av nybakat bröd.

I en liten gränd står Erik, en pensionerad lärare. Han håller i en karta och tittar runt. Han har aldrig varit på Gotland förut.

– Ursäkta, vet du var torget är? frågar Erik en ung kvinna som går förbi.

Hon stannar och ler.

– Ja, jag är på väg dit! Följ med mig. Jag heter Lisa.

Lisa är en backpacker från Tyskland. Hon reser runt i Sverige med en ryggsäck och ett öppet sinne.

Lisa och Erik går tillsammans genom Visbys smala gator.

– Är du här för Medeltidsveckan? frågar Lisa.

– Ja, men också för att se Visby. Jag har alltid velat komma hit, säger Erik.

De går förbi ruiner och gamla hus. Lisa berättar att hon älskar historia och att hon vill bli arkeolog.

– Och du? Vad gjorde du innan du blev pensionär? frågar Lisa.

– Jag var lärare. Jag undervisade i svenska och historia i nästan fyrtio år, svarar Erik med ett leende.

När de kommer till torget föreslår Lisa att de tar en fika. De sätter sig vid ett kafé och beställer kaffe och kardemummabullar.

– Jag älskar det här brödet! säger Lisa och tar en stor tugga.

De börjar prata om sina liv. Erik berättar om sin barndom på landet och om hur han började arbeta som lärare. Lisa berättar om sina resor, sina drömmar och varför hon älskar Sverige.

– För länge sedan drömde jag också om att resa, säger Erik. Men livet kom emellan. Nu, som pensionär, vill jag se världen lite mer.

– Det är aldrig för sent, säger Lisa med ett leende.

Efter fikan går de tillsammans tillbaka till gatorna. De tittar på hantverk och lyssnar på musiken. Erik köper en liten träfigur som minne.

När solen börjar gå ner säger Lisa:

– Jag måste gå vidare. Jag ska ta färjan till fastlandet i kväll.

Erik nickar och skakar hennes hand.

– Tack för idag. Det var trevligt att träffa dig.

Lisa ler och säger:

– Glöm inte att fortsätta resa. Livet är kort, och världen är stor.

När Lisa går bort längs gatan känner Erik sig inspirerad. Han ser på sin karta och tänker:

– Det finns fortfarande så mycket att upptäcka.

43

Paths Cross in Visby

It's summer, and Medieval Week in Visby has begun. The streets are full of people dressed in medieval clothes. Musicians, craftsmen, and the scent of freshly baked bread fill the air.

In a narrow alley, Erik, a retired teacher, stands holding a map. He looks around, slightly lost. This is his first time on Gotland.

"Excuse me, do you know where the square is?" Erik asks a young woman passing by.

She stops and smiles.

"Yes, I'm heading there! Come with me. My name is Lisa."

Lisa is a backpacker from Germany. She's traveling through Sweden with a backpack and an open mind.

Lisa and Erik walk together through Visby's narrow streets.

"Are you here for Medieval Week?" Lisa asks.

"Yes, but also to see Visby. I've always wanted to visit," Erik replies.

They pass by ruins and old houses. Lisa tells him she loves history and dreams of becoming an archaeologist.

"And you? What did you do before retirement?" Lisa asks.

"I was a teacher. I taught Swedish and history for almost forty years," Erik says with a smile.

When they reach the square, Lisa suggests they have coffee. They sit at a café and order coffee and cardamom buns.

"I love this bread!" Lisa says, taking a big bite.

They begin to share stories about their lives. Erik talks about his childhood in the countryside and how he became a teacher. Lisa talks about her travels, her dreams, and why she loves Sweden.

"Long ago, I also dreamed of traveling," Erik says. "But life got in the way. Now, as a retiree, I want to see a bit more of the world."

"It's never too late," Lisa says with a smile.

After their coffee, they walk through the streets together. They browse crafts and listen to the music. Erik buys a small wooden figure as a souvenir.

As the sun begins to set, Lisa says:

"I have to go. I'm taking the ferry to the mainland tonight."

Erik nods and shakes her hand.

"Thank you for today. It was nice to meet you."

Lisa smiles and says:

"Don't forget to keep traveling. Life is short, and the world is big."

As Lisa walks away down the street, Erik feels inspired. He looks at his map and thinks:

"There's still so much to discover."

På Marknaden i Malmö

Det är lördag morgon, och marknaden i Malmö är full av liv. Luften är fylld av doften av nybakat bröd, frukt och kryddor. Människor går mellan stånden med kassar i händerna.

Vid ett av stånden står Anna, en blomförsäljare. Hon säljer rosor, tulpaner och små krukväxter.

– Blommor! Köp fina blommor! ropar Anna.

En kvinna stannar vid hennes bord.

– Hur mycket kostar rosorna? frågar hon.

– Trettio kronor för en bukett, svarar Anna.

Kvinnan ler och betalar.

– Tack! De här ska bli en present, säger hon.

Anna känner sig glad. Varje såld bukett hjälper henne att betala hyran.

Lite längre bort står en man som säljer frukt och bär. På bordet finns lådor med jordgubbar, blåbär och äpplen.

En liten pojke med sin mamma stannar vid bordet.

– Mamma, kan vi köpa jordgubbar? De ser så goda ut! säger pojken och pekar.

Mamman tittar på mannen.

– Hur mycket kostar jordgubbarna?

– Femton kronor för en liten låda, säger han.

Mamman köper en låda och ger den till pojken. Pojken äter en jordgubbe och ler stort.

– De är jättegoda! Tack, mamma!

På torget står en gatumusikant med en gitarr. Han spelar en glad melodi, och människor stannar för att lyssna.

Ett litet barn börjar dansa, och folk skrattar och klappar händerna.

Musikanten ler och fortsätter spela. Någon lägger en tjugokronorssedel i hans hatt.

– Tack så mycket! säger han glatt.

Marknaden fortsätter att sjuda av aktivitet. Anna säljer fler blommor, pojken äter fler jordgubbar, och musikanten spelar tills solen börjar gå ner.

När dagen är slut packar Anna ihop sitt bord. Trots att hon är trött känner hon sig hoppfull.

– Det var en bra dag, tänker hon och går hem.

Marknaden är nu tom, men minnet av alla möten och skratt lever kvar.

At the Market in Malmö

It's Saturday morning, and the market in Malmö is full of life. The air is filled with the scent of freshly baked bread, fruit, and spices. People move between the stalls, carrying bags in their hands.

At one of the stalls stands Anna, a flower seller. She is selling roses, tulips, and small potted plants.

"Flowers! Buy beautiful flowers!" Anna calls out.

A woman stops at her table.

"How much are the roses?" she asks.

"Thirty kronor for a bouquet," Anna replies.

The woman smiles and pays.

"Thank you! These will make a lovely gift," she says.

Anna feels happy. Every bouquet sold helps her pay the rent.

A bit further away, a man is selling fruit and berries. On his table are boxes of strawberries, blueberries, and apples.

A young boy with his mother stops at the table.

"Mom, can we buy strawberries? They look so tasty!" the boy says, pointing.

The mother looks at the man.

"How much are the strawberries?"

"Fifteen kronor for a small box," he says.

The mother buys a box and hands it to the boy. The boy eats a strawberry and smiles widely.

"They're delicious! Thanks, Mom!"

In the square, a street musician with a guitar is playing a cheerful melody, and people stop to listen.

A small child begins to dance, and everyone laughs and claps.

The musician smiles and keeps playing. Someone puts a twenty-kronor bill in his hat.

"Thank you so much!" he says happily.

The market continues to buzz with activity. Anna sells more flowers, the boy eats more strawberries, and the musician plays until the sun begins to set.

At the end of the day, Anna packs up her table. Though she's tired, she feels hopeful.

"It was a good day," she thinks as she heads home.

The market is now empty, but the memory of all the encounters and laughter lingers.

En Vänskap i Skogen

Det är en lugn höstdag i skogen. Löven faller från träden och marken är täckt av gult och orange. Klara går långsamt längs en smal stig. Hon bär en ryggsäck med papper, pennor och färger.

Klara är en konstnär. Hon älskar att rita naturen—träd, blommor och djur. Men hon är också blyg och tycker om att vara ensam. Idag vill hon hitta något vackert att rita.

Klara sätter sig på en sten vid en liten glänta. Hon tar fram sitt papper och börjar skissa ett träd. Då hör hon ett ljud bakom sig.

– Vem är där? frågar hon tyst.

En räv kommer fram från buskarna. Den stannar och tittar på Klara. Hon sitter stilla och försöker att inte skrämma den.

– Hej, lilla vän, viskar Klara. Jag ska inte skada dig.

Räven lutar huvudet och tar några steg närmare. Den verkar nyfiken.

Klara börjar rita räven. Hon ser hur dess päls är röd med vita fläckar och hur svansen är stor och fluffig. Räven sitter stilla och tittar på henne.

– Du är så fin, säger Klara.

Efter en stund går räven runt i gläntan, men den lämnar inte Klara. Hon känner sig inte ensam längre.

Klara arbetar länge med sin teckning. Hon lägger till färger och detaljer. När hon är klar tittar hon på bilden och ler.

– Det här är den bästa teckning jag någonsin gjort, säger hon.

Räven sitter nära henne och tittar också på papperet. Det är nästan som om den förstår.

Solen börjar gå ner, och det blir kallt i skogen. Klara packar ihop sina saker.

– Tack för att du höll mig sällskap, säger hon till räven.

Räven tittar på henne en sista gång innan den springer iväg in i skogen. Klara står kvar och ser den försvinna bland träden.

När hon går hem känner hon sig lugn och glad. Hon tänker på räven och hur den gav henne en oväntad vänskap.

A Friendship in the Forest

It is a calm autumn day in the forest. Leaves fall from the trees, and the ground is covered in yellow and orange. Klara walks slowly along a narrow path, carrying a backpack with paper, pencils, and paints.

Klara is an artist. She loves drawing nature—trees, flowers, and animals. But she is also shy and enjoys being alone. Today, she wants to find something beautiful to draw.

Klara sits on a rock in a small clearing. She takes out her paper and starts sketching a tree. Then, she hears a sound behind her.

"Who's there?" she asks softly.

A fox steps out from the bushes. It stops and looks at Klara. She stays very still, trying not to scare it.

"Hello, little friend," Klara whispers. "I won't hurt you."

The fox tilts its head and takes a few steps closer. It seems curious.

Klara starts sketching the fox. She notices how its fur is red with white patches and how its tail is big and fluffy. The fox sits still, watching her.

"You're so beautiful," says Klara.

After a while, the fox wanders around the clearing but doesn't leave Klara's side. She no longer feels alone.

Klara works on her drawing for a long time. She adds colors and details. When she is finished, she looks at the picture and smiles.

"This is the best drawing I've ever made," she says.

The fox sits close to her, also looking at the paper. It's almost as if it understands.

The sun starts to set, and the forest grows cold. Klara packs up her things.

"Thank you for keeping me company," she says to the fox.

The fox looks at her one last time before running off into the forest. Klara stands still, watching it disappear among the trees.

As she walks home, she feels calm and happy. She thinks about the fox and how it gave her an unexpected friendship.

www.ingramcontent.com/pod-product-compliance
Lightning Source LLC
Chambersburg PA
CBHW061407140726
47997CB00003B/1406